Danse d'éther

par Aleka Waters

Tourbillons

Quand dans les tourbillons j'ai cherché des
serrures a ton âme,
Et des clés aux silences qui n'ont jamais su
que l'ineffable,
J'ai nagé la brasse des damnées sous des lunes
en spirales,
J'ai chevauché dans les déserts impalpables,

Que la rivière me noie sous ses eaux
sépulcrales,
Que le ciel m'avale dans son infini abyssale,
Partout l'abîme me ronge,
Dans ce gouffre évanoui qui partout s'allonge,

Donne moi le feu et offre moi la lumière,
Reconstruirai je dans mes profondes amnésies
le massacre de nos ères,
Ces chairs qui se courent après, ces tranchées
de l'univers,
Je cracherai comme le dragon le feu de ces
vomissures premières,

Je serai le dédale qui cherche a se nommer,
La première étoile et son rêve d'éternité,
Le berceau de nos âmes,le flottement de
l'immensité,
La première étincelle qui éclabousse chaque
iris de son soleil d'été.

A la croisée des mélanges

Vivre a la croisée des mélanges ,
Rêver à la portée des anges,
Errer à la croisée d'un bal étrange,

Je bois ton sang ,tu vomis mes larmes,
Mes veines naissent dans les capillaires
sidérales,
Dans la chevelure brûlante de la fusion des
étoiles,
Dans les canaux des Venise célestes et des
jeteuses de charme,

Je suis l'œil du cyclone, le néant baignant le
vent de l'éther,
De mon souffle je soulève les toits et les
crânes,
J'aspire l'éclipse rêvée dans vos songes trop
pales,
 La vision de celui qui de son iris a brisé le
verre,

Les molécules et les atomes dans le mystère
s'aimantent,
Réinventent les royaumes rêvés,les châteaux
des atlantes,
Les poignées de silence jetés par le marchand

de sable ,
Le mendiant des cieux qui s'invite au détour
de nos fables.

Vision de lumière,
Vision d'omniscient,
Serpente moi de tes airs,
Immortalises moi des venins de l'orient,

Peints moi de tes écailles reptiliennes,
Fais moi caméléon de tes naufrages
céphaliens,
Défais les racines brûlantes de mes déserts,
Vides le sang qui hypnotise mes artères,

Le ressac immuable du temps culbute mes
fenêtres,
Le vent frappe ma chair de la multitude de ses
peut êtres,
Le je n'est-il que cette foule bruyante qui
m'invite à me nommer,
Ma solitude est-elle née de ce sol brûlant qui
force le silence à exister,

Immobile et placide comme un pleur déporté
par le vent,
Légère et facile comme la traînée offerte aux
mille courants,
Je m'ouvre et me rétracte , j'absorbe et je
vomis les orgies qui décapitent mon vaisseau,
Je conduis un navire sans poupe dans les
coulures de ta peau.

Des myriades d'étoiles comme des milliers d'iris,
Autant de pluie d'aurore dans la nudité de l'abysse,
Comme la lueur du prochain port qui éclaire le naufragé du destin,
Sur son radeau de rêve , l'hypnotise de l'éclat aveuglant de la fin,

Ne sommes nous pas les naufragés de la Terre,
Noyés sous les eaux profondes de l'univers,
Quelle traversée du miroir nous délivrera de ce songe,
Quel puits sans fin ramènera la lumière à l'infini qui s'allonge,

Une autre vision sommeille dans nos âmes,
Un autre soleil rallumera l'étoile éternelle,
Une autre danse ressuscitera le ciel quand nous pleurerons nos finitudes existentielles,
De nos regards aveuglés de leur azur sans larmes,

Comme le papillon sort de chrysalide,
Comme la chenille devient créature céleste,
Nous ôterons notre peau d'humain mais aussi notre esprit,
Nous retournerons à l'amnésie sans fin, aux

vibrations de l'infini.

Tu me nies,
Mais je cries dans ton âme,
Je transperce tes ciels sous cellophane,
Je suis la comète, je suis la déesse , la dune qui
se fait femme,
Le sein qui offre aux étoiles son vin d'infini,

Je défais les nœuds des voiliers qui défient les
gouffres,
Je gonfle la voile d'un océan qui s'ignore,
Qui fuit vers le néant phosphorescent de nos
ports,
Glissant sur l'algue gluante de nos souffles,

Mon ciel pourrit au vent des alizées,
Les rosaces des sables se noient dans l'infini
sacré,
Les écumes ne ramènent plus les épaves, ni les
poètes par les constellations noyés.

Tu sues les vomissures et les aubes éternelles ,
Les crachats des paquebots des espaces
stellaires,
Les tourbillons des épaves, les hélices
gémissant les écumes de nos chairs,
Je suis ton corps, le sentier de ta chair et les
anges sans ailes,

Dans les averses de tes songes,
Les traînées s'évanouissent avant que le corps
ne s'allonge,
Les liqueurs rigolent dans l'abysse des villes,
Dans la nuit des caniveaux ensoleillent nos
pupilles ;

Je n'ai plus besoin d'or, je n'ai plus besoin de
tes méandres qui étreignent mes dédales,
Je suis le ciel, je suis le sable, le désert qui
exhale ses entrailles,
J'ouvre mes lumières comme je détruis les
barrières de corail,
Je te délivre de mon don, mon abandon au
jaillissement de mon râle.

C'est la nuit qui étreint les étoiles,
C'est le ciel qui voile son immensité sous la
pudeur de ses nuages,
C'est mon œil qui devant les quadrillages de
nos villes espère te revoir,
C'est la corolle qui égraine sa mélancolie dans
chacune de ses pétales,

L'élan et le vas et viens de nos vies,
Comme un courant d'air, un amour jamais dit,
Un mirage , une résurrection des royaumes
évanouis,
L'enfance, la pureté de nos larmes qui court
sur la chair qui vieillit,

Ce sont les mots qui jaillissent avant qu'on ne
les pense,
Ces sillages qu'on pressent et qui déchirent
nos silences,
Le cœur qui meurt lentement au soleil de nos
ornières,
Le tremblement déchirant du penseur arraché
à sa chimère,

La douleur lancinante des rêves qui ont jeté
l'ancre à mille lieux de nos cœurs,
Le planeur arraché à ses champs célestes, aux

mouvantes lueurs,
Ce trouble qui s'habille de toutes les images,
Comme un diamant précieux que retaille à
chaque fois nos soupirs aux incessants visages.

Sans scaphandre et sans iris,
Sous le soleil noir d'Anubis,
Les supernovas sont les feux d'artifices de
mon âme,
L'explosion des folles brûlures de nos
flemmes,

Les galaxies comme nos sèves s'entremêlent,
D'Adam et d'Eve naît une nouvelle aile,

Les astéroïdes frappent de leur pluie brûlante
le tambour de mon crane,
Comme les planètes vomissent les séismes de
leur lave,
La terre chamane sue les siphons de ses plus
violentes lames,
Elle palpite du pouls du néant , neutron
glissant sur la fissure de la matière esclave,

Heurtée par les fonds et les airs,
Dans la collision des brumes et des chairs,
Je m'abîme dans les décharges de l'univers,
Ou les astéroïdes fraternisent avec la faiblesse
de mes nerfs,

Dans le choc intergalactique de l'être et des
comètes,
Quand d'un astéroïde la lune a voulu être,
Et la vie du gouffre universel apparaître,
J'ai bu la glace des comètes comme l'élixir

qui m'a vu naître,

Les branchies de mon âme hypnotisent mes
écailles reptiliennes des chants du cosmos,
Mes rétines envahissent de leur gouffre
envoûtant les séductions enjôleuses de
thanatos,
Le magnétisme astral, le scorpion de son dard
pique le placenta de l'univers,

Quand le pleur de l'enfant se fait chair
d'océan,
Matrice de la vie, onde première, vision du
voyant.

Rapaces majestueux dont les tournoiements
nous hypnotisent,
Syncopes du temps dont la fièvre est la sueur
qui prophétise,
Nos pas se décollent de la croûte céleste,
Les iris se diluent dans l'éclatement des
rétines,

Les membranes de nos cellules brouillent leurs
ADN,
La vie soudain n'est plus que de nos vies la
magicienne,
La fée ou la sorcière qui a brisé nos ailes,
Le sacrifice qui nous a fait pour l'éternité
pleurer le ciel,

Ces mouvements de nos êtres qui à chaque
seconde se racontent,
Renouvellent nos manèges jusqu'à ce que la
mort réponde,
Ce nouveau tourment qui chaque nuit
redessine ses contours,
Dans les courbures des anges ,dans ce temps
qui ne sait plus l'amour,

Et comme dans un cycle infernal
A chaque terrien son dédale,
A chaque désespoir la même extase.

Quelle autre histoire à inventer ?
Quelle nouvelle humanité ?
Quelle première aube et autre voie lactée ?
Sur quel visage se lèvera le jour premier ?
Sur quels siècles s'endormiront nos chairs
blessées,
Quel autre sentier et quel charnier nous
promettront de lointaines ablutions,
Quels virages et quels sillages pour
d'absconses solutions,
Quel que soit nos races,
Revient toujours la promesse de la dissolution,
La porte entrebâillée du néant et la proche
évasion,
Nos souffles qui s'envolent en volutes
fécondes,
Nourricières des inconscientes germinations,

Quel que soit le ciel et quelle que soit la
forme,
La création nous emprisonne de son voile,
De ces agonies aux heures chloroforme,
De ces dilutions aux océans d'étoiles,

Maigres échappées des anges qui ont rongées
leur moelle,
Prisonniers des tranchées de ces souterrains
moribonds,
Ou l'égaré noyé dans la foule cherche le pouls
de ses divagations,

Comme les pulsations de l'univers,
Arythmie du vivant sous son soleil
mortuaire.

Que viennent les anges,
Que le ciel me caresse les ailes,
Que ma tête vienne rouler dans l'orbite du
silence,

Peu m'importe, je suis le néant incarné dans
un corps,
Je suis l'absence enveloppée de chair,
Je suis le rayon redevenu poussière,

Je suis la lumière libérée de toutes ses
souillures,
Je suis brûlure, je suis l'étincelle pure,
Je suis l'azur prisonnier d'un étau passager,
Mais de ma conscience à jamais je suis libéré,

Et de cette certitude je reconnais l'éternité,
Et de cette fêlure rejaillit l'immensité,

Nirvana,nirvana,
Dis moi que je ne suis pas,
Dis moi que je n'existe pas,
Dis moi le souvenir d'avant moi.

Quand toi tu vis je meurs,
Quand tu captures les secondes,
Je ne connais déjà plus l'heure,
Je m'évanouis déjà des mondes,

Dis moi la vie, dis moi quelle est ton heure,
Ou tu désarticules ton corps,
Ou tu vis sans connaître la limite, sans la
conscience des mirages sans orbite,

Tu as l'illusion de penser , mais tu ne vois
rien,
Tu crois créer, quand des limites n'accouchent
que des formes médiocres,
Tu te rengorges de penser quand les seuls
sentiers que tu connaisses sont l'asphyxie du
prochain matin,

Tu ne connais que les courants immobiles, les
voies ferrées des asphyxies ,

Pourrais-tu te libérer du corset qui étouffe ton
âme,
Épouser d'autres horizons,
Te laver d'ablutions diaphanes,
Si les mondes épousaient d'autres modèles,
Te marierais-tu enfin à ton Dieu éternel,

Changer de vie comme on changerait de peau,

Si au lieu de travailler on t'avait appris
d'autres sciences,
On t'avais dit l'infini et la plénitude libérée de
l'étau,
Des âmes gorgées d'ectasie qui boivent le lait
d'évanescence.

Tu m'as appelé,
Tu m'as réveillé,
Ce n'était qu'un rêve,
Ce n'était que le jus de ma sève,
Et moi mes mots ont couru sur la feuille,
Plus vite que les ombres et la nuit sans fin du
cercueil,
Tu m'as fait voler dans les volutes des sillages
chimères,
Tu m'as enveloppé de la chaleur de ce drap
d'éphémère,

Je ne pensais plus à rien
Et pourtant j'étais bien,
Il n'y avait plus de lendemain,
Et pourtant je voyais si loin,

Plus de destin,
Plus de chemin,
Seulement la nuit qui m'épanouit ,
Jusqu'à demain,

Plus de nuit,plus de jour,
Que le ciel sans contour,
Que l'infini des toujours.

A l'hôtel ,
De l'éternel,
Mon dieu que la nuit est belle,
Sous ce ciel de pastel,

Sous les draps de cette nuit de dentelle,

Que les étoiles m'anéantissent de leur
sommeil,
Que l'océan lave mes chairs jusqu'au réveil,
Que le vent me murmure des mirage sans
pareil,

Des serrures qui ne veulent plus s'ouvrir,
Des songes qui ne veulent jamais mourir,
Dans les couloirs du temps murmurent les
ombres,
S'affranchit le nombre des sangs et des ailes
des colombes,

Dédale, dédale,
Inspire- moi du vertige de ta spirale,
Dédale, dédale,
Berce-moi de ton vide sidéral.

Océan, océan,
Connais tu la prière de l'écume ballottée par le
vent,
Océan,
Sauras-tu ramener la dune sous les reins des
amants,
Océan,
Sauras-tu rendre à la mer ses déserts d'eau
salée,
Quand toi tu prétends raconter les silences
d'éternité,
Océan es-tu terrestre ou bien des cieux,
Porte tu en ton sein les voies lactées d'étoiles,
Ou les naufragés et leur moelle,
Océan céleste ou terrestre vos immensités se
confondent,
Et ou que nous soyons nous font noyés de
l'onde,

Que tu me prédises le ciel ou le prochain
rivage,
Moi je vois en toi un seul et unique sillage,
Celui de ce tourbillon d'infini qui me poursuit
et me captive,
Celui de ce cierge consumé que rallumera la
prochaine brise.

Pétales de la corolle aux dentelles tissées d'or,
Fleur invisible qui n'a pas su s'ouvrir encore,
Dont les jaillissements s'endorment sous
l'écume de nos corps,
Nectar divin qui n'a su rejoindre sous nos cils
les rivières de l'aurore,

Nos paupières se referment sur des miroirs
aveugles,
Qui ignorent les rivages de diamant qui
éclosent au dormeur,
Nos silhouettes grandissent et se meuvent en
forets lugubres,
Le nombre étouffe le ciel de son algèbre
absurde,

Les pas ne mènent plus nulle part,
Qu'à des rêves vaincus par des passions sans
fard,
Sous ta cloche de verre as-tu oublié les
onguents de ton âme,
Les soirées chaudes des alcôves des lunes
virginales,

L'éternité murmure dans cette douce caresse
du vent du soir,
Cet été qui au de la la chair vient réveiller le
brasier de ton âme,
Cet abandon des nues aux flottements sans
escale,

Quand le noyé de lumière remonte à la surface
des charniers animales.

Mon sang se fait sève, mon souffle se fait
torrent,
Ma chair devient écorce,écaille de son songe
d'océan,
Dans mes veines coulent les rivières qui ont
avalé nos âmes fauves,
Mes sens se muent au fil de l'onde dans une
profonde métamorphose,

Le ciel m'inonde de la vague de ses nuages,
Mon âme ressuscite de la noyade et de mille
et un naufrages,
Je suis nue comme l'infini qui m'enveloppe de
ses mystères,
Lavée de la pureté de la vérité première,

Étoile filante balayée par les courants de
l'espace,
Drapeau flottant au vent de l'être qui passe,
Cierge se consumant sous la flamme du foyer
cosmique,
Vibration s'accordant au diapason de la fusion
métaphysique.

Mon âme tremblante de dunes,
Évapore son sable comme de son univers
autant de ses lunes,
La nuit qui écume à mes fenêtres est comme
le songe de ma vie amenée à disparaître,
C'est l'usure de l'onde qui à trop heurtée la
roche de l'être,

Sirène d'un océan évanoui, naufragée des
mondes,
Je suis l'étoile des mers qui étire ses branches
jusqu'au fond de ses déserts,
Qui ou qu'elle tende la main ne trouvera
jamais ici bas la lumière,
Je suis la cité engloutie que l'infini à jamais
inonde,

Je prends le visage de cette médiocrité que
tous projettent sur moi,
Bâillonnée d'infini sous mon masque de
poussière,
Leurs yeux vides noient en moi les tourbillons
de chimères,
Ils me voient sans me voir de leur aveuglement
fat,

Ils me tuent et me meurent à chacun de leur
pas,

Chacun de leur manège respire la vacuité de
leur silence,
Quand nous sondons le gouffre , leur yeux se
vident de l'esprit qui pense,
Quand pour nous la route est errance, pour eux
elle est ligne tracée vers des cités de démence.

Moi je regarde voler mon âme,
Dans les vents dans les flemmes,
Moi je regarde au travers des nues courir
Paname,
Quand les bateliers célestes laissent sombrer
leurs rames,

Au delà de la vie , je vois frémir l'onde
océane,
Mer de nos ciels et mer de nos âmes,
Tout se mélange et se confond dans le voyage
du souvenir,
La ou mon âme meurtrie peut enfin s'endormir
,

Dans l'instinct de la mémoire,
D'avant la vie et de nos terriennes histoires,
J'ai su lire entre les lignes des diseuses de
fables,
J'ai couru en amazone au gré des rivières
gitanes,

La crue des sensations m'a lavé de mon
amnésie,
Elle m'a ramené à la vie, la conscience des
plafonds étoilées,
J'ai vu s'ouvrir la voie,
J'ai entendu l'appel de la foi,

Ce rayon qui me traverse et jaillit vers autrefois,

Il me porte dans la pesanteur de ces sentiers monotones,

Loin des idoles et des légendes, il m'a donné l'aumône,

Au fond du gouffre , il m'a donné la couronne des rois,

Je le sens me gonfler de ses voiles,

Je le sens me consumer de ses flemmes,

Dans des transfigurations , dans des catharsis ineffables,

Dans le feu d'artifices de la folle éclipse de nos terriennes fables.

Moi je pisse le vent et les étoiles,
Toi tu glisses sur les fleuves de mon âme,
Plus loin que les palais de l'aurore,
Né après le crépuscule et d'avant la mort,

Entre les dimensions tu tisses ta toile,
Faite de distorsions et de galaxies
immémoriales,
Du slalom des temps,
De la guimauve du néant,

Tu surfes sur la vague du cosmos,
Sur la crête des siècles et de thanatos,
Tu t'amuses du gouffre qui bientôt avalera ton
étoile,
Comme la vapeur tu t'évanouis vers ton soleil
pale,

Que tu sois noyé ou sirène,
Tu es l'océan galopant libéré de ses reines,
Tu est le soleil brûlant dévorant le ciel,
Tu es de nos médiocrités le réveil
existentiel,

Tu cours, tu cours vers le réveil,
Tu traverses mes chairs, Tu remonte mon sang
vers la première étincelle .

Et la nuit antilope me galope,
Et la nuit antilope me syncope,
Elle passe mes songes sous son morne
kaléidoscope,
Elle déforme mes visions de son œil qui
m'estriope,

Qu'elle me jette des bouteilles à la mer,
Qu'elle lave mes pensées comme le lit de sa
rivière,
Les cascades, les cascades du temps toujours
me délavent de leurs vers,
Elles coulent sur mon âme comme les sources
de l'univers,

Mes iris ne savent plus quel vide contempler,
Elles regardent l'intérieur de mon sentier
d'éternité,
Je m'échoue sur les plages de la vie comme
sur les rives célestes,
Je jette les amarres quand le rêve pleut à
renverse,

Et je coule , et je coule appesantie des
ancrages des sirènes,
Hypnotisée par leur chants qui courent dans
mes veines,
Apprivoisée par le néant avalé de travers,

Comme un lotus géant glissant dans l'éther,

Méduse miroitante de mille et soleil ,
Mes filaments vous traversent jusqu'au réveil,
Ma piqûre dans la marée des temps écume à
vos mémoires,
Comme le souvenir de la vague monstrueuse
ou la vie s'égare.

J'ai envie de me baigner dans les marées d'éclipses,
d'éclipses,
Boire la tasse au fond des cathédrales,
La ou les anges prient la pureté de l'abysse,
Dans le marécage rugissant , dans le néant de
nos dédales,

Plage ou écume la folie de nos cervelles,
La ou le diable chaque jour de vermine remplit
son écuelle,
Lave brûlante ou l'ange fuse dans le diable,
Ou l'homme vomit sa haine et ou le ciel
pleure ses étoiles,

Dans la mélasse, dans la chair qui se lasse,
Y a - t-il le ciel au fond de nos puants
marasmes,
Y a-t-il le soleil au bout de ces jours
gémissants,
Le cyclone qui envole les puanteurs de l'étang,

C'est la vomissure, c'est la souillure,
Du soûlard des siècles qui dégueule la vie et
gerbe nos âmes,
Délire flottant, ouragan de l'infâme,
Naufragés de l'absent , trinquez aux célestes
blessures,

Naviguez dans le non sens, dans ces silences
qui en savent plus que nos idoles,
Pagayez le flot de nos inspirations qui nous
soulèvent de nos oripeaux,
Noyez vous comme les fous qui se lavent des
impostures,
L'eau salée qui, se bronze à l'air pur.

Ma robe déchirée du sang des vierges,
La passion, la crucifixion et le cierge,

Vent des cieux, vent des âmes qui viennent
lécher mon étoile,
Lune de voile, brûlure de cristal, beauté,
beauté dont le nom est le Graal,
A la source du cosmos tu baignes ta mémoire
diluvienne,
Tu te nourris de la clarté, de l'estuaire des
céphalées neptuniennes,

Quel air respirer quand tes organes ne savent
plus que l'éclipse,
Que ta chair coule dans la marée des abysses,
Je me lève comme le crucifié rejoint la
lumière,
Comme le ciel se soumet aux frissons de
l'éther,

Je suis l'ombre et l'élément,
La fin et le commencement,
La fusion de la lave des abysses et des clartés
des lumières,
Le royaume et la pauvreté de nos terres,

Je suis la Parole de Dieu,
De l'infini la promesse sans adieu.

Lotus transcendant dansant sur le volant des
fleuves létales,
Lis majestueux bénissant les unions des lunes
immémoriales,
Les anneaux de mes frères se mélangent et
scellent leur union dans le voyage de lumière,
Or brûlant fondant dans la cosmique vision de
l'océan sans frontière,

La voix du magicien glisse comme le sirop
voluptueux dans la gorge d'Eve,
Les ondes répondent leur fluidité envoûtante
au mystère de nos sèves,
Les mendiants enlacent de leur asphyxie
céphalienne les expirations de nos chaînes,
Des grimoires jaillissent les glaces miroitantes
et les frontières d'éden,

Le serpent vient enlacer nos cous comme il
nous délivre de sa morsure,
Ouvrir les portes des royaumes de geysers ,
des poisons sans piqûres,
Les arbres tressent l'univers de galaxies
nouvelles,
Les poissons caressent de leurs nuages
phosphorescents les sommets des pyramides
égyptiennes,

Les gondoles dérivent sur le miroir de

l'inconscient et ressuscitent les souveraines
anciennes,
Des geôles enfouies s'échappent les damnés
de l'infinie spirale,
Le phœnix de feu aspire le sang des sacrifiés
du règne sépulcral,
Les sillages s'ouvrent aux veines des songes
antilopes , aux amazones du soleil d'un jour
pour toujours souveraines .

J'ai volé ma plume au creux de ton aile,
Plongée dans l'encrier bleuté de nos ciels,
Dans la calligraphie des arabesques et des
danseuses étoiles,
J'ai envolé les océans ou coulent les joyaux
des nuits persanes,

Ma chevelure coulait au creux du sein laiteux
des madones,
Les lignes de ma main s'effaçaient dans la
folle danse du cyclone,
Mes doigts glissaient sur l'ivoire des dentelles
sidérales,
Orgues majestueuses vibrant au fond d'un
gouffre cathédrale,

L'abîme parcourait mon âme de ses visions
chamanes,
L'homme oiseau déployait ses ailes au soleil
des zéniths ,
La lune pleurait ses larmes d'argent,
Le ciel suait l'or brûlant de ses pépites,

Les tresseurs de couronnes sacraient l'union
cosmique de nos mirages,
Ou s'enlaçaient les rivières de l'inconscient,
nectar des muses sans visage,
Je buvais les larmes du Saint Graal,je me
drapée du suaire des célestes rivages,

J'étais le sang de Dieu, la plaie béante
dégoulinant nos écumes sans sillage.

Liens célestes

Tellement de chemins parcourent l'oubli de
nos âmes,
Tellement de paroles se sont évanouies de ta
bouche profane,
Par les portes entrebâillées sur ton passage,
N'est-ce pas l'océan du ciel bleu qui jaillit de
nos sentiers de nuages,

De cette étrange impression qui trouble le
paysage,
Je m'enveloppe comme des volutes diaphanes
des royaumes sans âge,
Qui partage les banquets et les orgies de ce roi
sans visage ?
A quel règne appartient cet espace infini aux
frontières invisibles et sauvages ?

La ou les anges se baignent dans les flots de
l'éther,
La ou les âmes se laissent à jamais bercer par
la romance des airs,
Est-ce ce monde inviolé que tu couronnes des
lauriers de l'éternité ?
Ou n'est-ce qu'un des jardins azurés de tes
dimensions libérées ?

Tu me tends la main du haut des cimes

enneigées,
Et au travers des nues la caresse des arbres a la douceur des paradis argentés,
Et l'aube pale la pureté de cette existence sans fin,
Ou chaque instant n'est qu'une passerelle pour retourner à ton fabuleux écrin,

Pour te retrouver, j'enlèverai peu à peu mon masque d'humain,
Mais qui m'a arrêtée dans la foule pour ouvrir mes veines aux soleils de l'un,
Qui a brouillé ma vue pour extraire l'essence de cette enveloppe sans lendemain,
Qui a saisi mon bras pour que je cesse ma course vers les brouillards du destin,

Au bout de vos routes, au bout de l'errance,
C'est au seuil de l'au delà que tout commence,
Au bout de l'égarement, jusque dans les vertiges de tes transes,
C'est dans la spirale universelle que l'esprit continue sa danse,

Hors de nos champs de visions, hors de notre perception aliénable,
Ailleurs toujours ailleurs, nos corps célestes se gorgent des liqueurs impalpables,
Pour retrouver la trace lumineuse de ces vies bien plus grandes,

Ou s'achèvent les croyances, ou commence la vraie science effacée des miroirs inversés de notre humaine offrande.

Tes sanglots perlent des nues comme les rosées de ton âme,
Comme les larmes des vierges glissent à l'oreille de l'ange,
Comme les songes s'évanouissent à la clarté d'un ciel étrange,
Et l'éclipse déshabille le jour de sa chair diaphane,

La caravane des déesses se mêle au troupeau des étoiles ,
Dans le grand désert universel pionnières des oasis royales,
Ces royaumes luxuriants des léthargies finales,
Ces mirages balayées par le vent des chevauchées létales,

La gloire des flamboiements de la torche de feu ,
La couronne immémoriale qui sacre le mendiant des cieux,
La traîne des étoiles qui laisse échapper son or dans nos yeux,
Nous élèvent de notre chair féale à ces banquets voluptueux,

Chercheuse de la frontière sidérale,
Je tamise l'infini pour en voler le Graal,
Pépites miroitantes du château d'amnésie aux douves d'univers,

Ou les banquises des cieux sont les ports qui s'ouvrent sur les feuillages de lumière.

Les tessons de ton âme
Sont les pépites des jardins refleuris ,
Les éclats rejaillis des jardins d'infini,

j'ai croisé des fauves dans les pubs de london,
des prophètes , des putes aphones,

dans les ruelles,
Les étoiles pleurent leur viol et l'infini des
décibels,
J'ai tailladé mes veines, j'ai consumé les
cierges pour allumer mon écuelle,
J'ai nagé dans la poudreuse des neiges des
sommets éternels,

J'ai caressé les ciels,j'ai bu la vision de nos
sèves
Tanguant sur le dos des chamelles,
J'ai pleuré les larmes exsangues qui
réinventent un nouveau rêve,
La communion cosmique qui sous les pavés
réinventent les rayons des foyers éternels.

Les rivières de l'ange,
Les blessures de mes noyades,
La vierge me lave et me bénit de ses cascades,
Dans l'eau blanche de ses fontaines virginales,
L'eau est blanche comme la lumière,
Lumière des océans lacrymales,

Fille du Père, larmoiement de cristal,
Flocon de neige, dans l'infiniment pale,
Je suis ton miroir,
Ta Parole faite chair,
Le mirage a leur infini désert.
L'ultime hommage a ton immense lumière

Les radiations des soleils , les ablations des
vierges pales,
Les cancers, les alluvions,
Les ellipses du temps, les allusions,
Les hélices du cosmos brassent le tourbillon
des chimères,
Les écluses, les barrages se fissurent devant
les battements de ta paupière,

Les filaments des comètes, les membranes des
sirènes hantées d'océan,
L'infini se vidange de lui-même et vient couler
dans le cœur des amants,

Les tsunamis de mon âme emportent les
débris de ton corps,
Les tribulations,la nouvelle terre, et les
ascensions de l'aurore,
Eve croque le sein véreux des détergents de
l'espace,
Le   ciel arrache ses viscères au filet de la
nasse,

La morve des lépreux, les crachats des
volcans,
Dans le balai mouvant des dieux et des terres,
Les planètes ondulantes roulent d'hémisphères
en univers,
Globes jonglant dans les orbites béantes de
l'amnésie de l'éther.

Les orbites et les pluies diluviennes,
Les solstices et les marches égyptiennes,
La morsure de ta chair, la brûlure et la
poussière,
Les faisans dont les dos s'arrondissent,
Les vaches sacrées viennent manger l'herbe du
frais pubis,

La cannelle, les chamelles,
A mes délires le désert s'entremêle,
Comme la nuit d'autant de rayons se
dentellent,
Comme je tisse mon iris des dunes de ta
prunelle,

Le rayonnement fossile,
S'égare dans la foret de tes cils,
Les trous noirs de ton regard,
Le brouillard du commencement,
Le pas des danseuses, la mémoire des
berceuses, le sacre du diamant blanc.

Les neurones, les hexagones,
Et combien de cyclones,
Les vidanges et les sanitaires ,
Les tisanes, les visions de l'éther,

Les jardins reverdis et la paix baptismale,
Le voyage des saisons , la plénitude de l'astral,

J'ai nagé la brasse des noyés,
Épouse la courbe des couronnes sacrées,
J'ai ondulé entre le sein des cieux et la dune,
Entre venus et l'absence de Neptune,

Abrasant mes écailles brûlantes,
Frémissant entre ton aquarium et le foyer de
Dante,
Fragile écume lavant le ciel des figures
béantes.

Les lucioles tressent des couronnes a ton front,
Elles mêlent à leur soleil les courbures
d'horizon,
J'entends les danses célestes vibrant de mille
ultrasons,
Les tourbillons des battements d'ailes des
ablutions,

Dans les marécages,dans les zones oubliées de
nos chromosomes,
Dans l'asphalte, dans la misère de l'aumône,
Danse la folle ivresse des cyclones,
 Partout ou éclabousse la mer aphone,

J'entends le réveil des comètes et des déesses
enterrées vivantes,
Leurs bras me tirent ,leurs mains serrent les
miennes,
Dans la farandole universelle , dans l'amnésie
diluvienne,
Le fluide universel s'élève comme l'étoile
filante,

Vient filer mon ciel de sa laine brumeuse, de
sa fusion brûlante,
Il passe a mon doigt l'anneau des unions
éternelles,
Qui avant la vie ont marié la terre à l'infini du
ciel,
Qui dans la larme avaient deviné l'océan , la

marée des écumes aveuglantes.

Les eaux qui lavent , les eaux qui
bouleversent,
Celles qui luisent sous l'averse,
Les eaux de mon rêve embryonnaire,
Les eaux natales , les eaux létales, de mon jour
solitaire,

Tu m'abreuves et tu me dessèches,
De ta soif transcendantale,
Toi source des cascades de mes douces
ivresses,
Je pleure de ton immense promesse,
Je pleus les larmes de mes tristesse,

Je déborde de mes mots , je déborde de mes
larmes,
Comme le soldat qui rend à l'éclipse son âme,
Je me soumets à ces sentiers qui bientôt
disparaissent,

Je me déchire de ce ciel trop pure,
Comme j'aime les sentiers de mon âme
comme je jouis de ses blessures,
Comme je m'aime, comme je me hais moi la
nuit sans armure,
Je ne suis rien , rien que de la conscience une
de ses blessures,

Je suis l'émotion du ciel faite chair,
Je suis du vent la chevelure de lumière,

Je ne suis que le verbe qui se fait créature,
Je ne suis que la substance de dieu, son
éclaboussure,

Je parle au delà de mes mots, j'écris la fêlure,
De l'ange dont les ailes sont avalées par l'azur.

Les cheminements , les vomissements,les
paraboles,
Les forets d'éthanol,
Les fissures du temps, les rosaces au mille
vent s'étiolent,

Chair tannées par les brûlures des volcans,
Sous le manteau terrestre, le foyer du premier
instant,
Les planètes gazeuses, de nos vies les
valseuses,
Les anneaux de saturnes nous hypnotisent de
leur berceuse,

L'expansion du gouffre noir, le rayonnement
des météores de ta mémoire,
De son œil cosmique il a figé la vision de son
ciel léopard,
Avant le jour et avant la nuit brûlante de mille
miroirs,
La neige blanche fondait déjà sous ta langue
comme l'Ostie des anges de nulle part,

Biche égarée dans la foret de thanatos,
Soleil levant plongé dans la nuit infinie du
cosmos,
Faon poursuivie parles pluies de météores,
Du néant sauras-tu un jour sacrer le messie des
serpents d'or,

Comme la plaine est paisible et boit dans ses
sillons l'eau de nos sangs,
Comme le phénix mon âme a dompté son
vertige rugissant,
Je pleurs toujours et connais les gouffres
gémissants,
Et pourtant hier abattu aujourd'hui je me
relève comme un soleil brûlant,

J'ai vaincu les rondes du cosmos qui prennent
sous les cascades du temps,
Les ailes des anges amoureux des ondes de
diamants,
Car si mes ailes se sont brûlées à ton zénith,
Mon âme s'est souvenue des vibrations
éternelles,
La ou pour planer elle n'a nul besoin d'ailes,

Et ce vol intérieur la traverse comme une
comète,
De ses brûlures et de son songe miroitant,
Elle n'a qu'a défaire les amarres célestes et
rejoindre sa quête,
Se libérer des moroses ancrages et voguer vers
les rêves océans,

C'est comme si l'éternité était prisonnière de
nos silences,
C'est comme si les rayons du soleil ne
pouvaient transpirer dans le brouillard de nos

consciences,

Nos errances renferment des réminiscences
éternelles,
Au de la de nos pas , au delà de nos songes ou
meurt la fiction existentielle .

Les lanternes de la ville, les lueurs, les
sillages,
Les évanouies caravanes,les quais des abîmes
sidérales,

Dans le vas et viens des corps à corps et des
destins,
Croiseras-tu seulement jamais mon regard,
Retrouveras-tu l'étincelle dans l'aveuglement
de leurs phares,
De mon âme sauras-tu traverser le miroir
cristallin.

Les ailerons qui fendent ta chair,
Les fanons qui balayent tes songes,
Les béances avides de tes profondes
clairvoyances,
Ton ciel s'éclipse par les élans de tes
omnisciences,

Tu es l'océan et tu es sa mouvance,
Les algues viennent tresser les cheveux de ton
âme,
Les coquillages murmurent à ton oreille l'or
des proches rivages,
L'echos des sirènes et les étreintes des
évanouis mirages,

Le vas et viens des eaux, la mémoire de ta
peau,
Ta chaleur et le silence apaisant de nos os,
Le linceul des eaux me lavent et me délavent ,
Onde de Dieu masque mortuaire qui me
déshabille de mon soleil de lave.

Le serpent qui monte comme l'anguille,
Qui remonte les couloirs du volcan, les boyaux
de l'inconscient,
Qui coure nos chairs, qui révulse nos sèves qui
vacillent,
Cette multitude qui se pare d'un torrent de
déguisements,

Sylphide légère et pourtant aussi profonde que
le temps,
Ton sourire facile, la nuit de tes cieux balayée
par les torrents,
Torrents de ces rêves, courants de ces
couchants,
Iris ou tournoient les visions d'océan,

Moi je pleure ton mirage,
Moi je rêve tes blessures et tes songes
dormants,
J'ai mal de nos mélanges, confusions de nos
âmes,
Unions de ces cathédrales sans amants,

Je suis l'écrin de tes célestes ancrages,
Je suis ton azur sans nuage,
Je suis l'émotion qui effleure au ciel de ton
regard,
Je suis ta confusion , je suis le reflet de ton
âme et son dernier naufrage.

Les papillons les chrysalides et les amphores,
Les ablutions et Les pluies de météores,
Le jour et la nuit,
Le rêve et la vie,

Les comètes qui balaient l'infini
De leur nage astrale,
Les algues s'arrachent au creux de nos
cervelles,
Les dimensions s'éventrent comme les
constellations artificielles,

Dans l'aquarium du big bang, dans le delirium
tremens,
Dans l'adoration du Père et de tous ses saints ,
Les soleils se mélangent et viennent dessailer
l'archange,
Le fils s'arrache a sa croix qui sous le flagrum
a violé sa foi,

Dans la chrysalide astrale ,les siècles   se
redessinent,
Certains de leur proche envolée divine,
La prophétie enlève son corset et révèle
l'Eve qui en elle sommeille ,
La vision devient vérité et des gouffres avides
la sibylle éternelle.

Crier le vertige de la lumière,
Laisser entrer l'infini sous le voile de mes
paupières,

Je cours et j'erre,
Je combats des vertiges, des armées entières,
Je me fais seigneur et silence des cimetières,

Ce vertige qui danse en moi , me caresse le
front,
Et me dit rappelle toi,
Cette mémoire hypnotique de la mélodie de
l'au dela,

Ce vent qui s'échappe des corps morts ,
Cette marée qui ramène l'étoile enfouie au
firmament de l'aurore,
Ce gouffre ou s'échappe ton regard,
Ou s'enfuit ton âme dans la confusion du
brouillard.

Le cygne blanc,
 La saignée de ses ailes,
Les voies lactées, les gémissements, et les
désirs d'éternel,

Je pleure le vent, je meurs la nuit et l'infini de
nos ciels,
L'extasie, l'amnésie, ma pureté d'aquarelle,

L'eau mord mes ailes et déchire mes exils
lointaines,
Le ciel aspire mon souffle et les oasis des
zéphirs et des reines,
Entre le songe et le gouffre à quel soupir
l'ange m'entraîne,
Les palmes des esclaves en ondulations se
trahissent,
Viennent brûler la chair et de leur fièvre leurs
mouvements faiblissent,

Palpitations des chairs, marécages
omniscients,
Vagues de lumières, nuées de corps brûlants,
Prophéties des ciels écumants, des rivières
d'univers,
Des   fissures de l'éclair, des miroirs de nos
sphères.

J'écris au plafond ,
J'écris sur les murs,
J'écris l'horizon,
La ou personne ne griffure,
J'écris ou respire encore le ciel de nos azurs,
Ou existe encore un avenir sans rature,

J'écris comme on transpire,
Comme on battit des empires,
Du sang perlé des âmes,
A défaut de la mort née des armes,

J'écris comme on libère son souffle,
La respiration de la foules des nuages,
J'écris l'infini avant que ne lave l'orage,
Le ciel comme la feuille blanche qui l'étouffe,

Je suis le cycle de la vie,
Le cyclone, la tornade qui balaye les mélanges
engloutis,
Je suis l'onde qui lave, naturelle, éblouie,
Maîtresse des élans du cosmos, dansante étoile
au volants flottants dans la nuit,

L'ancre de nos vies

J'ai jeté l'ancre aux courants qui s'effacent,
Comme du gibier combien de ciels j'ai pris en
chasse,
Des éclaboussures de temps,des cris de l'âme
prisonnière de l'espace,
Combien de dauphins, combien de mirages ai-
je libéré de la nasse,

Aventurière est la vie , folle est l'âme envoûtée
par l'esprit,
Insensée mon ciel aux océans évanouis,
L'amoureuse d'un Absolu qui ne s'est jamais
dit,
Partout pourtant retentit le cri du poète libéré
par la nuit,

Ta mélopée m'emporte et me soulève ,
Me donne la force hurler le firmament qui
s'achève,
De crier autant que la vie fut brève,
De pleurer ce soleil de beauté épanoui,

De dire la pureté de ces murmures souriant
dans la nuit,
Ces plénitudes au fond de nos tranchées
enfouies,
Ces étoiles miroitantes brûlant quelques
secondes et si vite enfuies,

De souffrir comme je respire , d'hurler comme
le loup se plaint des jours maudits .

Les caraïbes, les alcôves aux mille sérails,
Autour des sillons des comètes tant de
barrières de corail,
Les naufragés des ancrages célestes,
Les îlots soufflés des alluvions des délires de
tes messes,

Les tourbillons, les cyclones qui aspirent les
galaxies de tes prunelles,
Les fenêtres, les averses, les chants des lunes
sentinelles,
Le diadème des anges embrase le front des
immortelles,
Les écumes, les sillages et les liés qui
embrasent tes ailes,
Brouillard de nos sens,
Élixir de l'unique quintessence,

Ondulations de tes transes,
Jongleries de tes danses,

Flottement de l'unique transparence,
Des voyages sans partance,

Ce vague a l'âme,
La vague de ton âme,
La gloire des promises jouvences,
Du soleil éternel la lointaine réminiscence.

La foule humaine ondule comme une sirène,
Elle transpire comme le damné mille et un
amen,
De tes je t'aime, de mille enfer et de combien
d' Éden,

Peuple de chair, océan des tréfonds et des
déserts,
Les courtisanes marient les ombres
crépusculaires,
Roi soleil, écume lascive sur les
courbes laiteuses des estuaires,

Céphalée gémissante des dards mélodieux,
Tu   viens frotter ta cornée béante à la
conspiration de son iris,
Combien de ciels tu t'inventes,et combien
d'esquisses,
Tu balances dans le vas et viens versatiles de
leurs yeux,

Naufragé des paquebots volatiles,
Noyé champêtre, paysanne des champs des
soleils fertiles,
Dans tes verdures translucides,dans la lumière
des lunes et de milles presqu'îles,
Tu as semé les graines des amants éternels et
des Atlantide.

La gestuelle des anges étouffe sous les
constellations,
Les étoiles démembrées s'arrachent aux
anneaux de saturne,
Les organes s'échappent des corps,
La nuit attend en vain le songe de l'ultime
aurore,

Les bouches vides ne savent plus quels rêves
raconter,
Puisque depuis déjà mille ans l'enchanteur ne
sait plus quel songe leur voiler,
Les bras balancent et les iris se sont vidées de
leurs étoiles,
Les arbres sont morts comme la sève a quitté
la paix de nos pétales,

Comme un désert aride, le temps s'est asséché,
De ses calendriers remplis de l'illusion du
magicien,
De ces cahiers d'écoliers ou la science a le
poids de l'airain,
L'esprit est mort quand il a cru pensé la
quadrature de nos destins,

Quand tu a cru croire, déjà voguait ton étoile,
Quand tu a su voir, s'ouvrait le géant
cataclysme ,
De la nuit aveuglait par le noir,
Du supplicié enivré des pluies de son propre

lyrisme.

J'ai parlé aux fantômes , j'ai frôle la
communion des temps,
Dans ma chair vibrait le diapason de
l'univers,
Je n'appartenais pas à l'homme,
Je n'était qu'un vertige prisonnier des formes,

Le son sous la camisole d'une voix,
Dans la tunique du vent l'esprit hors la loi,
Le voleur d'éclipses et des rayons qui fendent
le ciel,
Le trépassé revenu hanté les paroles éternelles,

Dans la citadelle imprenable des tourbillons de
l'éther,
Au sommet de l'olympe flamboiement
déchirant atmosphère,
Sur mon trône serviteur et Dieu des crucifiés
des hautes sphères,
Le miroir de la lumière,les sanglots rutilants
de mon père.

je tournoie dans la voie lactée ,
Qui n'enlace de ses bras de Morphée,
 M'entraîne vers ses radiations que je ne
connais pas,
Menthe religieuse qui m'aspire dans le vortex
de l'au-delà,

Dans les spirales infernales ou les étoiles
mélangent leur Graal,
Ou les démons vident le soleil noir des dieux
létales,
Le tourbillon de l'univers,le jour premier,
Du gouffre noir l'écume renaît,

La blondeur de tes cheveux comme la pâleur
des lunes,
Ange déchu pris entre le marteau et
l'enclume ;
J'ai le ciel dans mon âme et la pesanteur dans
mon corps,
Dans cette imperfection ou trouveras-tu
l'accord ?

Je suis la plume errante entre ciel terre,
Entre infini et jours amères,
Je suis le ruisseau qui perle de ton âme,
Je suis la pluie qui vient laver tes larmes.

Je roule dans les flots de mon ciel,
Mon âme contemple les parasites qui l'abîme,
L'étrangeté de l'être et les constellations
infimes,
Les régions intérieures ou l'esprit cherche à
déployer ses ailes,

Ses espaces ou le rêveur déverse le trop plein
de ses songes,
Ce lit d'étoile au creux duquel il abandonne
l'infini qui le ronge,
Je rentre et je sors de mon âme,
Je pénètre la symphonie immémoriale,
A l'intérieur et au dehors de mon être, je
compose la partition magistrale,

Les visions de mon âme sont celles de l'un,
Les sentiers qui à tous sont communs,
Je ne suis qu'un déchirement de lumière ,
Un miroitement des marées de lumière,

Je bois l'ivresse du silence, l'extase des
libertés inhumaines,
Je sens la sirène glisser dans mon corps,
L'hypnotique danse des transes reptiliennes,
L'extase de l'abîme qui se change en or.

Je mâche le soleil,
Je nage dans l'étincelle,
La profondeur aveugle se fait prélude de
l'éclaboussure abyssale,
Je cours le bitume sourd ou les chants de
l'aurore se sont tuent,
Je m'étends sur l'asphalte comme la vierge a
demi nue,

Vos bourdonnements acerbes violent mes sens,
Vos mots sont des couperets au ciel de mon
âme,
Vos silences sont vides quand les nôtres sont
nuées d'opalescence,
Et rencontrent les crues des rivières lointaines
de nos rames,

A vos tables s'invite le mat,
Poète fou des royaumes aux lois de ouate,
Chevalier insensé que la mort défie de son
dard ,
Auquel l'infini pardonne les chemins absents
et l'interdit retard,

Dis-moi le vertige ,
Je te dirais la nuit,
Les anges qui voltigent,
Les amours jamais dits.

Je bois la mort,
Son venin dans mon corps,
La perfusion des liqueurs de l'aurore,

Le poison s'infiltre dans mes veines de
mortelle,
La paix goutte dans les gouffres ou les fièvres
ont sué tout leur ciel,
Ou né de l'orage l'absolution se redessine en
sublime aquarelle,

Mes rêves de droguée sont ils les voies lactées
de l'éternel,
Mes hallucinations de nos vertiges les
étincelles,

Des vortex m'aspirent et me volent mes désirs,
Des asphyxies mortelles , univers sans zéphyr,
Mes tâtonnements réveillent les transparences,
Les glissements des proches mouvances,

Vole au vent, vole au temps,
Robe de ciel,
Suaire de tourment,
Brise toi au mille courent des parures
existentielles.

Jardins de feu, jardins de vent,
Jardins du zéphyr ou nous flottons hors du
temps,
Jardins du souvenir, de l'esprit absent,
Ondulations de nos âmes,
Quand le destin se libère de sa trame,
Quand comme la rose se dépouille de ses
pétales,
L'ange s'enlève à ses humains dédales,

Comme germe la semence à la lumière,
Le néant de nos êtres revient se réchauffer à
une autre source,
Majestueuse constellation qui dans ces vies
nous éclabousse,
Nous aimantent et vient enlever le rêveur à
l'immensité de ses déserts,

Nous sommes les roses d'un jardins
d'amnésie,
Le soleil ne vient plus nous baigner de sa
lumière,
Les pluies célestes ne viennent plus rafraîchir
nos vies,
Nous ne sommes plus que les esclaves de
songes austères,

Nous étions vent, nous étions la rivière qui
glissait au gré des mirages,
Nous étions ondes, nous étions sillages,

Nous savions le silence, le flocon des nuages,
L'évanouissement sans fin qui ne connaît plus
les rivages,

L'eau des marécages, l'eau des océans, l'eau
fœtale,
L'eau des mémoires qui dansent,
L'eau qu'on ne boit pas mais qui absorbent nos
transes,
L'eau qui s'évanouit de nos corps et s'évapore
à l'heure finale.

Il y a les violeurs de corps et les passeurs
d'aurore,
Il y a les souillures des chairs et un réveil
brutal,
Les syncopes de l'âme et l'horizon qui se lève
au jour du néant,
Ces chemins tracés par la rivière de nos
larmes,

Il y a ces guidances inconscientes,
Ces courants qui ramènent l'enfant perdu sur
le chemin de son mirage,
Ces anges qui lui murmurent qu'il n'était pas
fou de mêler son âme à la caresse des nuages,
Quand le flot des passants l'a assommé de ses
pas sourds,
Qu'il s'arrime comme un naufragé au plomb
son cœur lourd,

Il y a ces faisceaux ou se baignent les âmes,
Ou   au delà du temps l'iris brille toujours au
fond des océans comme la même étoile,
Faisceau du soleil divin dont l'éclat ne ternit
vraiment jamais,
Qui parle comme le murmure du
vent,comme le soupir d'éternité.

Il y a ces instants qui ignorent le hasard,
Ou les gardiens sèment les pétales de
l'éternité,

Ou le passant abandonne le miroir de son âme
,
A celui qu'on ne connaît plus et pourtant
traverse son regard.

Il y a ces pas qui jaillissent de mon sommeil,
Ces éclaboussures ,ces rayons d'arc en ciel,
Ces fées nées a l'ombre de ma chandelle,
Ces royaumes des nuits artificielles,

Et je crie le soupir de mon âme,
Je pleure le volcan de mes larmes,
Je souffre pour ne plus avoir mal,
J'embrase de mon souffle la nuit de mille et
une cathédrales ,

Je n'ai plus honte de la nervure de mes veines,
Ces frissons qui éclairent les mémoires
d'éden,

Je vomis la vérité d'un univers qui blesse ma
corolle,
Dont chaque pétale est l'infini qui s'étiole,
Je suis l'être qui s'efface à l'aube d'un ciel
d'éthanol ,
Et a toi je m'abandonne, je donne les mystères
et les les invisibles geôles,

Je déchire ma voile,
Noyée des naufrages béni des lunes,
Étouffée par la palpitation des dunes,
Libérée de la convulsion des fusions de nos
pétales.

Les vallées de l'oubli courent dans mes
veines,
Les frontières d'amnésie, les céphalées
lointaines,
Les bois pourris, les vierges souveraines,

Relent de mes glaires, glissements de salive,
Purulence des chairs, souillure de l'Eve,
Les vents conquérants que l'orgueil esquive,
Les nervures de l'espace fissurent ta blanche
rétine de la fêlure qui m'achève,

Ses tentacules qui s'enroulent a mes colonnes,
Dans les bois merlin griffe ma chair de ses
murmures aphones,
Ses presqu'îles, ses nuits d'exil,
Son regard libidineux déshabille l'aube nubile,

Des scaphandres, des serpentes,
Et combien de ciels encore prétendent,
Dans l'alcôve blanche des calanques,
Dans le brouillard des jours, dans le flot des
lavandes,

L'hymen de l'espace ensorcelle les noyés de
son céleste fiel,
Diamant brut qui hypnotise les amants de
l'aube éternelle,
Courtisans de la nuit, amoureux transis du

secret de la jouvencelle,
Immortels ennemis du duel de l'aurore et de la
nuit, Graal de la première étincelle.

Homme singe qui s'étonne d'exister,
De palper glissant entre les lignes de sa main,
Le sable de la voie lactée,
Et la rondeur des dunes de l'immensité,

Mes yeux me servent comme pour la première
fois,
Et au delà des sens c'est mon âme qui
transpire son sang à travers mon regard,
C'est l'ange qui prend conscience de l'infini
enveloppé de brouillard,
C'est la créature qui naît à l'immensité par les
limites de sa foi,

Chacun de mes sens me fait songer à l'abysse,
Au de la de nos pauvres merveilles,
Chacun est passerelle vers le premier solstice,
Il m'emplit de cette intuition d'un autre son
qui bruissait à mes oreilles,

Un autre sentier qui ne connaissait pas
l'humain,
Ni la souffrance et la solitude du destin,
Le sentier du soleil qui fend la foret jusqu'à en
toucher le cœur,
Qui sillonne la brume jusqu'au murmure de
l'ultime ailleurs,

Mes mots voulaient nommer l'innommable,
Mes sens voulaient tracer la silhouette du

brouillard,

Mais comment nommer l'éternité que par l'impalpable,

Cet apaisement des mondes meurtris sous la caresse du soir,

Ce chant diaphane , transparent des blancheurs des neiges virginales,

Ce son qui n'a jamais existé mais qui prend forme pour nous évoquer l'ineffable,

La paix céleste, les grâces des élévations sépulcrales,

La cheville des déesses qui caresse nos songes trop pales.

Gueule de bois des anges bénis sans baptême,
Nos corps alanguis dans la nuit de l'éternel,
Oubliés les derniers sacrements quand le songe
devient blême ,
L'envoyé de Dieu s'égare sur les chemins
accidentels,

Comment être pasteur quand on enrubanne le
mystère d'apesanteur,
Que l'origine universelle s'essouffle sous les
torrents de nos horreurs,
Qu'une autre réalité devient la moquerie des
esprits farceurs,
Qu'un phénomène naturel devient de nos
néants le plus grand leurre,

Des symboles illusoires étouffent des vérités,
Les tombeaux de nos corps asphyxient
l'instant sacré,
Nos pensées sont captives du dôme de nos
cranes,
Nos contemplations se limitent à la chair qui
se fane,

Moi je te parle des rondes lointaines
qu'oublient chronos,
Des vertiges qui renaissent du sourire de
thanatos,
De ce mal de mer, de ce couloir d'éther,
Qui ramène le noyé aux foudroiements de la

lumière.

Elle a pleuré mes ailes ,
Dans ses boules de cristal,
Dans les oracles et les mers d'hellène,
Dans les signes de croix et le murmures de ses
amen,

J'ai voyagé dans ses hallucinations ou se
rêvent les Iliade,
Ou meurent les soupirs par myriades,
J'ai arrête mon corps ,
Pour que mon ciel sache enfin la mort,

J'ai fondu comme le cierge sous la flemme,
Chair brûlante sous l'artifice du soleil,
Carrosse naviguant dans les ouragans des blés
et des miels,
Éternel mouvement des alizées et de leur
sommeil,

J'ai égaré mon âme comme une bouteille à la
mer,
Qui jamais me ramènera brûler à la clarté de
ton aurore,
Quelle sirène me guidera à la plénitude de ton
estuaire,
Quel aventurier me baisera la main et me
parera de la brûlure de ton trésor.

Drapée dans mon linceul de pétales,
Écorchée des mille blessures des éclats de ton cristal,
Ma chair se blesse du tourment de tes milles et un dédales,

Tes sillons s' engouffrent dans ma peau sous le flagrum qui déchire les vitraux de lumière,
Je suis le temple d'infini, le Soleil rayonnant qui se fait verbe de ta lumière,
Je suis la constellation née de l'avortement de mon râle,
Du déchirement, de l'implosion des millénaires abyssales,

Je suis l'origine de l'univers,
L a conscience sans souillure de la vérité première,
Je suis l'ombre de ton suaire,je suis aujourd'hui comme je suis d'hier,

Je suis la rosace des sables du cosmos,
Je brasse les trous noirs, les aspirations de thanatos,
Je suis la bohémienne qui caresse de ses jupons les mémoires gitanes,
Qui évanouit nos destins dans l'eau lacrymale des évanouissements baptismales.

Des crinières, des déserts,
Dans ta chair tant d'artères,
Des univers, des hémisphères,
L'infini décimal,
L'infiniment sidéral,
Des soleils, des dédales,
Alice aux pays des merveilles et le bossu et ses
cathédrales,

Rêver d'Eve comme rêver du saint Graal,
Déchirer la grève, pleurer le mal,
J'ai galopé les chevauchées fantômes, j'ai
violé les landes sidérales,
Sous l'averse la bête, l'écume du crime
animal,

Envoyant valdinguer les wagons de nos vies,
les cierges des brûlures mariales,
La brûlure du temps, les larmes du sablier
létale,
Le voile de la veuve m'enveloppe du venin des
masques mortuaires,
De quel soupir encore rêver et de quel
estuaire,

La voix fluette des ses songes,
La seule seconde,
Ou la vierge fut du soleil féconde,
Comme l'eau du ciel est parcouru de l'onde.

De substance en substance,
De souillure en jouissance,
J'exhale les haleines des béances avides,
Je prie le ciel qui coupera ma carotide,

J'embrasse es lèvres pleines et les bouches
avides,
Du gouffre de mon souffle,
De mes iris ou ondulent le balai des sylphides,
Des marées solaires qui a jamais
m'éclaboussent,

Je me baigne dans la foule, dans la folie des
vents,
J'ondule comme le miroir de chaque élément,
Je m'emplis des fusions qui ne se nomment,
Qui nous mêlent à l'union d'avant le
commencement,

Je chante comme la sirène,
Je séduis les naufragés que j'hypnotise du
pouvoir de mes sens,
Je coule leur radeau , j'emplis leur âme de
mon omniscience,
Je suis le diable et je suis sa démence,
La clairvoyance de Dieu et les sentiers de
l'éden.

Danse d'éther

Étoile des mers,
Aux terres, étrangère,
Aux branches d'éther,
Frisson des dérives millénaires,

Tu n'as pas de forme,
Et pour eux l'odeur du chloroforme,
Mirage ineffable,
Aux contours impalpables,

Évanouissement vital qui m'inspire,
Les glissements qui jamais ne finissent,
Les silences des lentes catharsis,
Et les visions de l'éclipse,

Je plonge dans la nuit éternelle,
Dans le vas et viens des marées de soleil,
Offerte à tous les courants,
Et aux passions de mille ans,

De cycle en cycle, et d'ère en ère, déportée par
les vertiges de lumière,
Je m'abandonne,
Aux démences du cyclone,
Et aux surfaces éphémères,

Je bois la tasse,
Et pourtant jamais je ne m'efface,

Des immenses desseins,
Des danses sans assassin,

Je sens en moi la profondeur des airs,
L'infinité de l'univers,
M'éclabousser des encres sans couleur,
Des libertés des mondes, disparus de nos
cœurs.

© 2020, Waters, Aleka
Edition : Books on Demand,
12/14 rond-Point des Champs-Elysées, 75008 Paris
Impression : BoD - Books on Demand, Norderstedt, Allemagne
ISBN : 9782322202362
Dépôt légal : janvier 2020